PAZ EN EL CORAZON

Este librito es un regalo. Tanto el autor como la persona que te lo ha entregado quieren que sea de bendición para tu vida.

Revisión: Alfredo Caravaca, Israel Piqueras,
Mari Mar Cubillo

Diseño de portada: Sol Graciela Vloebergh

Dibujos: Mike Branson

ISBN: 979-8-68-247420-2

Índice

Todos sabemos lo que es despertar en medio de la noche y no ser capaces de volver a conciliar el sueño porque algo nos perturba. Y no me refiero a un malestar físico, sino mental: algún problema, algún conflicto, alguna duda o algún recuerdo que no nos deja en paz. Este insomnio puede durar horas e incluso obligarnos a saludar al amanecer sin haber pegado ojo en gran parte de la noche.

Pudiera ser que el asunto fuese muy grave e importante, y que nos costara conciliar el sueño durante días, o incluso semanas o meses y que pudiera llegar a afectar seriamente nuestra salud.

Es realmente muy difícil continuar adelante si nuestra mente, por un espacio prolongado de tiempo, no nos deja dormir en paz.

En este librito quiero compartir la historia de una persona que hace muchos siglos se encontraba en una situación como la que acabamos de describir: Sufriendo de intranquilidad e inquietud, sin poder descansar. Afortunadamente encontró respuestas claras y contundentes, y su caso, aunque muy antiguo, es tremendamente relevante hoy, pues las dudas e incertidumbres que angustiaban su corazón eran las mismas que nos afectan a nosotros.

Confío en que su ejemplo sirva al lector para encontrar también esa verdadera paz que buscamos y necesitamos, la cual nos permite vivir con total satisfacción y con un propósito digno.

Andrés Bonikowsky
Octubre, 2020

Nicodemo

Algo así le pasó a un hombre llamado Nicodemo que vivió hace muchos años en Jerusalén. Era uno de los maestros religiosos más respetados de su nación, un hombre rico y poderoso. Aparentemente parecía tener todo lo que un hombre pudiera desear, pero realmente en su interior estaba intranquilo y su corazón estaba lleno de preguntas. Y es que, aunque el pueblo pudiera pensar que él tenía todas las respuestas, en realidad no era así. Tenía las mismas preguntas que todos los demás, esas preguntas del alma, sobre el propósito de la vida, su destino y la eternidad.

Quizá ese fue el motivo por el cual le llamó la atención un personaje asombroso que estaba causando un gran revuelo en el país. Era un hombre pobre y sencillo, sin estudios y sin apenas recursos, de familia humilde. Pero hablaba con tal autoridad sobre las cuestiones importantes de la vida, que las multitudes le seguían hasta el punto de no comer durante días. Además, sus discursos profundos y a la vez excelsos, los acompañaba con portentosos milagros que eran totalmente irrefutables. No había posibilidad de considerar que hiciera trampas. Tenía un poder extraordinario y sobrenatural y por todo eso en Nicodemo nació un fuerte interés por conocerle. El nombre de este hombre singular era Jesús, de una ciudad norteña llamada Nazaret.

Pero existía un problema complicado para Nicodemo: aunque él estaba seguro que este nazareno era noble y sincero, sus compañeros religiosos lo odiaban con todas sus fuerzas y andaban buscando la manera de silenciarlo. Sus enseñanzas sobre la moralidad iban muy en contra de lo que ellos decían y del estilo de vida que llevaban y ¡no lo podían aguantar!

Por causa de todo eso, Nicodemo tomó una decisión muy arriesgada: le haría una visita personal y privada, refugiándose en la oscuridad de la noche.

El documento original

Pero antes de seguir a este respetado fariseo en su misión secreta es importante aclarar algo sobre él. Vivió hace unos 2.000 años, lo cual es muchísimo tiempo, y toda la información que tenemos acerca de él viene de una sola fuente: EL EVANGELIO DE JUAN. ¿Cómo entonces podemos saber que su historia es real, que efectivamente existió y que su experiencia no es simplemente una leyenda o un cuento ficticio?

Aunque la cuestión es seria y merece nuestra consideración, a la vez la respuesta es sencilla y también contundente. La solución está en saber si el manuscrito original es realmente auténtico o no.

El Evangelio de Juan fue redactado por el apóstol Juan alrededor del año 85 después de Cristo. Juan era un pescador judío del mar de Galilea, pero también un hombre cuya integridad y moral eran incuestionables.

Por otro lado, los testigos y las evidencias en los siglos inmediatamente después de su publicación no dejan lugar a duda. El Evangelio de Juan es un registro fiel y preciso de los acontecimientos y de las personas que conocieron al Señor Jesús durante su tiempo en Israel, y entre estos estaría sin ninguna duda Nicodemo.

Sería muy interesante para usted si pudiera leer todas las porciones del texto original que he incluido en la parte posterior de este libro. Ahí podrá observar todos los detalles de la vida de Nicodemo. ¡Le recomiendo tomar el tiempo de leerlas!

Visita nocturna

Volvamos, pues, a Nicodemo y a su plan nocturno.

Aunque el autor no dice exactamente por qué fue de noche, el contexto insinúa que fue por miedo y por vergüenza. Tenía muchas preguntas que hacerle a aquel Maestro, pero que alguien pudiera verle a él, un hombre de semejante posición, buscando respuestas de Jesús en público, era impensable. Sin embargo, las dudas en su corazón fueron ganando terreno hasta impulsarle a encontrar alguna forma de hablar con Jesús.

En aquellos días, antes de que las ciudades tuviesen alumbrado público, éstas eran normalmente oscuras por la noche, y eso le proporcionaría el anonimato que necesitaba para poder acercarse al lugar donde estaba Jesús con mínimas posibilidades de ser visto.

¿Qué estaría pasando por la mente de Nicodemo al acercarse al lugar donde estaba el Señor? Es imposible saberlo con exactitud pero es probable que se preguntara: ¿Me atenderá Jesús con amabilidad o me tratará como a un enemigo por ser yo un fariseo? ¿Me tomará en serio o pensará que vengo a verle como un espía o un tramposo, tal y como otros han hecho? ¿Contestará con sinceridad las preguntas que repican constantemente en mi cabeza? ¿Realmente merece la pena el riesgo de que alguien me descubra y llegue la noticia a mis compañeros?

Y así, sumido en sus preguntas, nervioso y temeroso, escondiéndose entre las sombras de la noche, finalmente Nicodemo llegó al lugar donde Jesús se hallaba, y para su sorpresa fue bien recibido, como si su anfitrión ya supiera que venía.

Lo primero que Nicodemo le dijo a Jesús en esa conversación fue que no le cabía ninguna duda de que había sido enviado por Dios. Las señales y los milagros que hacía eran incuestionablemente reales y una garantía más que suficiente de que no era un charlatán ni un tramposo.

Pero las primeras palabras de Jesús le dejaron desconcertado: "De cierto, de cierto te digo, que el que no naciere de nuevo, no puede ver el reino de Dios" Nicodemo pensó: ¿Nacer de nuevo? ¿Qué era eso? Nunca había oído esa frase ni entendía lo más mínimo lo que quería decir. Y además, lo de no poder ver el reino de Dios, ¿Cómo podría ser que ni si quiera él, un religioso de reconocido prestigio en toda la nación, no pudiera, al menos, ver a Dios sin dar este paso tan misterioso?

Así que, Nicodemo siguió con una pregunta lógica: "¿Cómo puede un hombre nacer siendo viejo? ¿Puede volver a entrar en la matriz?" Claro que eso le parecía absurdo...

Entonces Jesús se lo explicó: El nuevo nacimiento no es un volver a nacer físicamente, sino un nacer de otra manera. Todo ser humano comienza su vida terrenal con el parto físico de su madre, pero ya al salir del vientre el bebé lleva dentro una naturaleza de pecado, heredada por todos los descendientes de Adán y Eva. La presencia de este pecado significa que una parte de su ser está muerta, o lo que es igual, separada de Dios. Esta parte muerta es su espíritu, aquello que al contrario que el cuerpo físico, es eterno. La plaga del pecado le condena a un destino horrible, a una existencia espiritual apartada para siempre de su Creador.

Jesús entonces le recordó a Nicodemo una historia de sus antepasados, un suceso que él, como experto en la Ley, conocía muy bien. Era la famosa escena en el desierto de Sinaí donde Dios le mandó a Moisés levantar una serpiente de bronce sobre un gran poste como remedio a una plaga de serpientes venenosas. El pueblo de Israel había pecado contra Dios y Él les envió las serpientes como juicio mortal. Pero en su misericordia, Dios también proveyó un plan de curación para todos, eso sí, con una condición: después de ser mordidos, debían mirar a la serpiente de bronce. Era un paso de fe, una sencilla decisión personal que cada uno debía tomar. No importaba ni la edad, ni el sexo, ni lo que habían hecho. Cualquier persona que levantaba la vista hacia la imagen de aquella serpiente de bronce, era sanado.

La serpiente levantada

Con esa imagen de la serpiente de bronce en la mente de Nicodemo, el Señor le sorprendió nuevamente con una promesa un tanto extraña: Así como Moisés levantó esa serpiente sobre un gran poste, Jesús mismo también sería levantado un día para proveer perdón y salvación eterna a todo el que la quisiera. Sus palabras exactas fueron: "Como Moisés levantó la serpiente en el desierto, así es necesario que el Hijo del Hombre (un título personal de Jesús) sea levantado, para que todo aquel que en él cree, no se pierda, mas tenga vida eterna".

¿Pudo Nicodemo entender esas palabras? Personalmente, lo dudo mucho. ¿En qué se podría parecer Jesús a esa serpiente de bronce? ¿Por qué un hombre se pondría sobre un gran poste? ¿Cómo se iba a quedar ahí arriba? ¿Y recibir la vida eterna por solo mirar a Jesús? Qué palabras más enigmáticas.

El caso es que ahí termina la conversación, o por lo menos lo que sabemos de ella. En el evangelio de Juan no volvemos a oír prácticamente nada más de Nicodemo y es posible que jamás se volvieran a ver los dos en persona. Quizá este gran maestro de Israel se volvió a casa con más preguntas de las que traía al principio, pero seguro que también quedó marcado para siempre por su visita a Jesús. Esa conversación no la iba a olvidar jamás, ni tampoco olvidaría la consideración que tuvo Jesús al hablar con él.

Una defensa sorprendente

En los meses siguientes la fama de Jesús se extendió rápidamente, pues los milagros que hacía no eran solo de forma individual o con grupos pequeños, sino que en ocasiones salían miles de personas para escucharle y cualquier persona enferma o familias donde hubiera alguno necesitado, se le acercaba para que los sanase.

En una ocasión multiplicó unos pocos panes y peces para dar de comer a 5.000 hombres junto con las mujeres y los niños que les acompañaban. Los grupos religiosos, con los fariseos a la cabeza, estaban tan hartos de él que ya hacían planes para arrestarle y destruirle de una vez por todas.

Así fue que un día enviaron unos alguaciles para prenderle, según leemos en el capítulo siete del mismo evangelio de Juan. Pero cuando llegaron a donde estaba Jesús, no pudieron mas que escuchar algunas de sus enseñanzas. Y quedaron atónitos. ¡Qué elocuencia y qué autoridad tenía! ¡Jamás habían oído a un rabino o un escriba hablar así! Sus ilustraciones eran claras y fáciles de entender; sus interpretaciones del Antiguo Testamento eran frescas y perspicaces; sus promesas podían ser difíciles de entender para los que no caminaban a su lado, pero de alguna forma eran siempre alentadoras para todos. Así que, tan impactados quedaron los alguaciles, que volvieron a los principales líderes sin haberle detenido.

Y por supuesto, los fariseos se enfadaron muchísimo con ellos. Con sarcasmo les preguntaron si acaso alguno de ellos, expertos en la Ley, se había dejado engañar por las palabras de ese embustero. Incluso insultaron a la gente común por dejarse engatusar tan fácilmente.

Pero qué sorpresa se llevaron cuando de entre sus propias filas se escuchó una voz que decía: "¿Juzga acaso nuestra ley a un hombre si primero no le oye, y sabe lo que ha hecho?"

¡Era la voz de Nicodemo!

Sin duda alguna, después de esa noche con Jesús, Nicodemo había seguido pensando en él y en todos esos conceptos sorprendentes que escuchó. Es probable que siguiera con interés cualquier comentario que se hacía de él y que procurase informarse de sus actividades.

Todo ese tiempo las preguntas y las dudas acerca de Jesús habían seguido en su cabeza. ¿Sería verdad que Jesús era quién decía ser: el Hijo de Dios?

De cualquier manera, los fariseos no le hicieron ningún caso. Les daba igual que lo que Nicodemo dijese fuese cierto. Ellos ya habían decidido que era un impostor, o más bien una amenaza para ellos, y no iban a dejarse desviar de su afán de quitarle de en medio. La escena termina con un sencillo "y cada uno se fue a casa."

A partir de ese momento, el apóstol Juan deja a un lado la persona de Nicodemo y se centra en el ministerio de Jesús. En los próximos capítulos narrará acerca de una mujer adúltera a la que Jesús salva de la muerte, de unos discursos del Señor sobre la luz del mundo y la verdad, también nos contará sobre varias parábolas, y sobre la resurrección de un hombre llamado Lázaro. Seguirá hablándonos acerca de numerosas curaciones milagrosas y de varias profecías sobre su propia muerte y resurrección, y finalmente encontramos en el evangelio unos discursos íntimos con sus discípulos.

Jesús también levantado

Hacia el final del evangelio de Juan se describe como los fariseos están ya muy cerca de conseguir su objetivo. Se narra el arresto de Jesús, los falsos juicios a los que fue sometido, el abandono de casi todos sus discípulos, el interrogatorio ante el gobernador Pilato y finalmente, la crucifixión del Señor. A través de todo este proceso ilegal e injurioso se van cumpliendo las decenas de predicciones detalladas que el Antiguo Testamento había dado para identificar al Mesías. Jesús, por lo que hizo y por lo que le hicieron, cumplió exactamente con cada una de las numerosas y específicas profecías que se habían escrito sobre él.

Así pues, cuando finalizó la tortura a la cual fue sometido antes y durante su crucifixión, Jesús exclamó: ¡Consumado es! Y entregando su espíritu, murió. Fue entonces, cuando Jesús ya había muerto, que se acercó a Pilato un hombre rico llamado José de Arimatea, el cual era un discípulo secreto del Señor. ¿Y por qué este secretismo? ¿Esa clandestinidad? Porque aunque mucha gente del pueblo seguía al Señor y disfrutaban de sus milagros y de escuchar sus enseñanzas, era bien sabido que los poderosos del país estaban en su contra y que por lo tanto, mostrar simpatía abierta hacia él no era nada bueno para cualquiera que se moviera en los círculos de la nobleza. Pero este José venció su miedo y pidió al gobernador el cuerpo de Jesús, el cual le fue concedido. Vino pues para tomar los restos del nazareno y llevarlos a un sepulcro de su propiedad cuando, justo en ese momento, un hombre se le acercó...

¡Nicodemo!

Una decisión pública

¡Sí! Aquel que había visitado a Jesús en la oscuridad de la noche, el que luego había defendido su presunción de inocencia ante los fariseos, es quien ahora valiente y abiertamente le echó una mano a José, trayendo un carísimo compuesto de mirra y de áloes para el envoltorio del cuerpo.

¿Qué había pasado? ¿Qué le había llevado a Nicodemo a una decisión tan pública?

Sin duda fue ver a Jesús clavado en esa cruz, muriendo.

Es exactamente lo que el Señor le había dicho en esa charla nocturna tan inolvidable: "Así es necesario que el Hijo del Hombre sea levantado, para que todo aquel que en él cree, no se pierda, mas tenga vida eterna."

Ese fue el factor decisivo, el detalle imposible de ignorar, y para Nicodemo la prueba definitiva que borró sus últimas dudas. Entre tantas profecías mesiánicas cumplidas en Jesús, ésta en concreto era especial, pues Cristo se la había dado a él personalmente, sabiendo que en su momento, quedaría todo totalmente claro.

Cuando esto sucedió, el tremendo miedo que había tenido por las represalias o consecuencias de su entorno político y religioso se esfumó como la niebla cuando sale el sol. La vida y las palabras del Crucificado eran ciertas y lo que su corazón había sentido en esa primera noche era verdad: Jesús era el Hijo de Dios, Dios en la carne, el Mesías de Israel, el eterno Señor, el Salvador del mundo.

Llega la paz

Una paz sublime y profunda inundó el corazón de Nicodemo, y a la vez sintió que debía hacer algo inmediatamente, tenía que entrar en acción.

Cargar con ese cuerpo era demasiado para un solo hombre, y además, había que tratarlo de la mejor manera posible. Es por eso que Nicodemo compró una mezcla carísima de especias aromáticas para ungir al Señor y también ayudó a José de Arimatea a trasladar el cuerpo, entrando así a formar parte de una historia gloriosa, maravillosa y eterna.

Y es que no hay nada como obtener esa dulce paz interior, especialmente cuando uno ha sufrido las tormentas del miedo y la angustia de la duda. Quizá usted sabe lo que es eso, lo que es tener miedo, lo que es hacerse preguntas incesantemente acerca de lo que realmente importa en la vida. Igual durante la noche también usted se ha preguntado: ¿De dónde vengo? ¿Por qué estoy aquí? ¿A dónde voy?

Esas tres preguntas son de las más importantes que el ser humano pueda hacerse. ¡Qué importante es no ignorarlas ni apartarlas con distracciones superficiales! Tener dudas no es agradable, por supuesto, pero en realidad son sanas y necesarias. Si las preguntas llegan a robarnos el sueño es porque nos las ha mandado un Dios que nos ama y quiere despertarnos a la verdad de que le necesitamos, porque en nosotros mismos no hay soluciones.

Preguntas contestadas

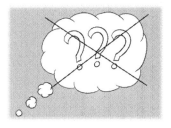

La historia de Nicodemo nos muestra la solución y el camino a esa paz que tanto buscamos. Sus dudas se esfumaron ante la realidad de quién es Jesús. Y es que hasta nuestras preguntas más profundas encuentran respuesta en el Hijo de Dios.

¿De dónde vengo? Muchos dicen que del mono, del barro o de una explosión, pero la mente humana se resiste a creer que pueda existir un diseño tan maravilloso en la naturaleza sin que haya detrás un diseñador. Como Nicodemo, debemos entender que venimos de Jesús. Él es quien dijo ser, el

Hijo De Dios, Creador del universo y todo lo que existe, en Él existe. Él nos hizo y nos conoce perfectamente.

¿Por qué estoy aquí? Para Jesús. Tampoco tiene ninguna lógica que estando rodeados de objetos los cuales todos tienen un propósito, nosotros seamos un gran accidente o una casualidad. Existo para Su gloria, soy una criatura hecha a Su imagen, para disfrutar de comunión con Él para siempre.

¿A dónde voy? A Jesús. No tiene sentido alguno que la muerte acabe con todo. Es verdad que acabará con mi cuerpo mortal pero no conmigo, la persona que piensa y razona y que existe. Todo ser humano se presentará delante del Creador en el último día. Los que le hayan buscado y amado vivirán con Él por toda la eternidad mientras que los que no se han interesado por Él, sino que han vivido su vida a su manera y para su propios fines, tendrán su deseo y estarán separados de Dios para siempre.

Lo maravilloso es que Dios le ha dado a usted la oportunidad de saber acerca de Su Hijo, de entender el propósito de la cruz, donde derramó Su sangre preciosa para el perdón de sus pecados. Jesús murió por usted y pagó el precio de su maldad en aquel horrible madero.

El glorioso trío

Cuando uno sabe que sus pecados han sido perdonados y borrados por la sangre de Jesucristo su Salvador, el resultado inmediato es paz, esperanza y gozo. Paz, porque las dudas y las preguntas han sido aclaradas a la luz del Evangelio del Señor. Esperanza, porque el terror de un futuro oscuro y terrible ha sido sustituido por la promesa de la vida eterna. Y gozo, porque esa paz y esperanza que brotan en el alma transforman por completo nuestra perspectiva de la vida. Los motivos para la angustia y la tristeza se han esfumado y en su lugar hay una alegría que reina en el corazón y que toma el control de todo el ser.

Esta es la gloriosa verdad que han disfrutado millones de personas desde hace dos mil años. Han reconocido con honestidad sus dudas, incertidumbres y temores, y han seguido las pisadas del Mesías, igual que aquel fariseo que visitó a Jesús de noche.

La siguiente oración es solo un ejemplo. Lo esencial es que ores a Dios de corazón, pidiendo perdón y confiando en su muerte en la cruz en tu lugar. Anotar luego tu nombre y fecha es solo una sugerencia. Si tienes alguna pregunta, no dudes en escribirnos a través de la página web. Que Dios te bendiga.

Andy Bonikowsky
www.pazenelcorazon.org

Señor Jesús, vengo a ti porque sé que te necesito. He pecado contra ti y te pido perdón. Por favor, lávame con la sangre que derramaste en esa horrible cruz. Confío en ti por el regalo de la vida eterna. Ayúdame a caminar contigo y aprender a amarte. Gracias por contestar las preguntas más profundas de mi corazón y reemplazar mis dudas con esperanza. Espero con alegría el día en que cumplas tu promesa de volver a por todos aquellos que hemos puesto nuestra fe en ti.

_____

(Nombre y fecha)

Evangelio de San Juan

Capítulo 3:1-21

1. Había un hombre de los fariseos que se llamaba Nicodemo, un principal entre los judíos.

2 Este vino a Jesús de noche, y le dijo: Rabí, sabemos que has venido de Dios como maestro; porque nadie puede hacer estas señales que tú haces, si no está Dios con él.

3 Respondió Jesús y le dijo: De cierto, de cierto te digo, que el que no naciere de nuevo, no puede ver el reino de Dios.

4 Nicodemo le dijo: ¿Cómo puede un hombre nacer siendo viejo? ¿Puede acaso entrar por segunda vez en el vientre de su madre, y nacer?

5 Respondió Jesús: De cierto, de cierto te digo, que el que no naciere de agua y del Espíritu, no puede entrar en el reino de Dios.

6 Lo que es nacido de la carne, carne es; y lo que es nacido del Espíritu, espíritu es.

7 No te maravilles de que te dije: Os es necesario nacer de nuevo.

8 El viento sopla de donde quiere, y oyes su sonido; mas ni sabes de dónde viene, ni a dónde va; así es todo aquel que es nacido del Espíritu.

9 Respondió Nicodemo y le dijo: ¿Cómo puede hacerse esto?

10 Respondió Jesús y le dijo: ¿Eres tú maestro de Israel, y no sabes esto?

11 De cierto, de cierto te digo, que lo que sabemos hablamos, y lo que hemos visto, testificamos; y no recibís nuestro testimonio.

12 Si os he dicho cosas terrenales, y no creéis, ¿cómo creeréis si os dijere las celestiales?

13 Nadie subió al cielo, sino el que descendió del cielo; el Hijo del Hombre, que está en el cielo.

14 Y como Moisés levantó la serpiente en el desierto, así es necesario que el Hijo del Hombre sea levantado,

15 para que todo aquel que en él cree, no se pierda, mas tenga vida eterna.

16 Porque de tal manera amó Dios al mundo, que ha dado a su Hijo unigénito, para que todo aquel que en él cree, no se pierda, mas tenga vida eterna.

17 Porque no envió Dios a su Hijo al mundo para condenar al mundo, sino para que el mundo sea salvo por él.

18 El que en él cree, no es condenado; pero el que no cree, ya ha sido condenado, porque no ha creído en el nombre del unigénito Hijo de Dios.

19 Y esta es la condenación: que la luz vino al mundo, y los hombres amaron más las tinieblas que la luz, porque sus obras eran malas.

20 Porque todo aquel que hace lo malo, aborrece la luz y no viene a la luz, para que sus obras no sean reprendidas.

21 Mas el que practica la verdad viene a la luz, para que sea manifiesto que sus obras son hechas en Dios.

45. Los alguaciles vinieron a los principales sacerdotes y a los fariseos; y éstos les dijeron: ¿Por qué no le habéis traído?

46 Los alguaciles respondieron: !!Jamás hombre alguno ha hablado como este hombre!

47 Entonces los fariseos les respondieron: ¿También vosotros habéis sido engañados?

48 ¿Acaso ha creído en él alguno de los gobernantes, o de los fariseos?

49 Mas esta gente que no sabe la ley, maldita es.

50 Les dijo Nicodemo, el que vino a él de noche, el cual era uno de ellos:

51 ¿Juzga acaso nuestra ley a un hombre si primero no le oye, y sabe lo que ha hecho?

52 Respondieron y le dijeron: ¿Eres tú también galileo? Escudriña y ve que de Galilea nunca se ha levantado profeta.

Juan capítulo 19:38-42

38 Después de todo esto, José de Arimatea, que era discípulo de Jesús, pero secretamente por miedo de los judíos, rogó a Pilato que le permitiese llevarse el cuerpo de Jesús; y Pilato se lo concedió. Entonces vino, y se llevó el cuerpo de Jesús.

39 También Nicodemo, el que antes había visitado a Jesús de noche, vino trayendo un compuesto de mirra y de áloes, como cien libras.

40 Tomaron, pues, el cuerpo de Jesús, y lo envolvieron en lienzos con especias aromáticas, según es costumbre sepultar entre los judíos.

41 Y en el lugar donde había sido crucificado, había un huerto, y en el huerto un sepulcro nuevo, en el cual aún no había sido puesto ninguno.

42 Allí, pues, por causa de la preparación de la pascua de los judíos, y porque aquel sepulcro estaba cerca, pusieron a Jesús.

Porque ¿qué aprovechará al hombre si ganare todo el mundo, y perdiere su alma?
(Jesús)

¡Ahora puedes estudiar el evangelio de Juan por tu cuenta!

Búscalo en Amazon o utiliza el código QR.

Made in the USA
Columbia, SC
21 August 2023

21816218R00026